Stephanie Kraft

Bastelspaß mit dem Strickschlauch

Stephanie Kraft

Bastelspaß mit dem Strickschlauch

Lustige Figuren

Schritt-für-Schritt-Anleitungen

Augustus Verlag

Inhalt

Vorwort

Basteln mit Strickschläuchen ist als Hobby im Norden seit langem bekannt und beliebt. Seit einiger Zeit entdecken immer mehr Menschen, wieviel Spaß es macht, aus den bunten Schläuchen Figuren, Dekorationen oder praktische Accessoires anzufertigen.

Früher mußte man die Schläuche noch mit der altbewährten »Strickliesel« selbst herstellen. Das ist jetzt nicht mehr nötig. Heute gibt es Strickschläuche in vielen verschiedenen Breiten, Farben und Mustern. Viel Werkzeug ist nicht nötig, und auch Anfängern gelingen im Handumdrehen Finger- und Handpuppen für die Jüngsten, ein Lesezeichen als Geschenk für einen »Bücherwurm«, Eierwärmer oder ein originelles Herz als Aufmerksamkeit zum Valentinstag.

Wenn demnächst wieder ein Kindergeburtstag ins Haus steht, ist das für Sie kein Problem mehr: Mit einfachen Dekorationen aus Strickschläuchen ist der Tisch schnell lustig gedeckt. Die Kinder können mit den Fingerpuppen spielen, und Sie haben auch gleich ein Geschenk für die kleinen Gäste.

Sie werden sehen: Wenn das »Strickschlauch-Fieber« Sie erst einmal gepackt hat, entwickeln Sie bald selbst weitere Ideen.

Ich wünsche Ihnen viel Spaß dabei!

Ihre

Stephanie Kraft

Material

Strickschläuche

Strickschläuche gibt es in den Breiten 1 cm, 1,5 cm, 2 cm, 3 cm, 4,5 cm, 6 cm, 8 cm und 12 cm. Die Auswahl an Farben und Mustern ist groß: Neben einfarbigem Material sind beispielsweise auch gestreifte oder mit goldfarbenem Faden durchwirkte Schläuche auf dem Markt. Sie sind meist als Meterware erhältlich und recht günstig im Preis. Die genauen Angaben zu den Längen und Breiten finden Sie bei den entsprechenden Modellen.

Chenilledraht

Der Chenilledraht wird allgemein auch »Pfeifenreiniger« genannt. Er ist in Packungen als Einzelfarbe oder bunt gemischt zu erhalten. Sie benötigen ihn für Arme und Beine oder zur Stabilisierung der Fingerpuppen.

Körperformen

Hierzu dienen meist Hartschaum- oder Wattekugeln. Aber auch Zapfen, Herzen, Eier oder Scheiben sind ein geeignetes Material, um die verschiedensten Figuren zu zaubern. Sie können den Strickschlauch zwar auch mit Füllwatte ausstopfen, doch geben die Hartschaumteile eine bessere Form.

Zusätzliches Material

Sie können viele Materialien mit den Strickschläuchen kombinieren. Für viele Zwecke eignen sich Moosgummi und Filz gleichermaßen gut. Allerdings empfehle ich für Modelle wie das Krokodil (Seite 59) Moosgummi, da er stabiler ist. Wackelaugen gibt es in den unterschiedlichsten Ausführungen im Hobbyfachhandel. Als Nase oder Knöpfe verwende ich gern Pompons. Man bekommt sie in verschiedenen Größen und auch farbig sortiert. Haare gibt es schon fertig zu kaufen, meist in Puppengeschäften. Man kann aber auch aufgezogene Wolle verwenden (siehe z. B. Clown Seite 11), da sie sowieso meist Abfall ist und farblich immer gut paßt. Hände und Füße werden als Fertigteile aus Holz verkauft. Einfache Holzperlen erfüllen jedoch oft denselben Zweck. Auch Köpfe werden im Fachhandel schon fertig bemalt angeboten. Sie können aber auch große Holzperlen selbst mit einem Gesicht bemalen. Wer Phantasie und eine gut gefüllte Restekiste besitzt, wird zusätzlich sicher viele geeignete Dekorationsmaterialien wie Wolle, Stoffreste oder Knöpfe finden.

Werkzeug

Sie brauchen hauptsächlich Schere, Nadel und Faden, um die Strickschläuche zusammenzunähen. Am geeignetesten sind Sticknadeln ohne Spitze, da Sie damit leicht die Maschen aufnehmen können.

Zum Zuschneiden des Chenilledrahts eignet sich eine stabile Schere oder eine Zange.

Als Klebstoff nehmen Sie entweder Bastelkleber oder eine Heißklebepistole. Der Heißkleber hat den Vorteil, daß Pompons oder Wackelaugen sehr gut halten, allerdings läßt sich Klebstoff, der versehentlich auf den Strickschlauch gekommen ist, nur sehr schwer entfernen. Außerdem besteht die Gefahr, sich zu verbrennen.

Denken Sie beim Verkleben von Hartschaum (Styropor) daran, daß viele Alleskleber das Material auflösen, und wählen Sie den Klebstoff entsprechend aus.

Um Hartschaumkugeln zu kürzen, nehmen Sie am besten ein scharfes, glattes Messer oder einen Cutter.

Zum Bemalen der Holzperlen sind am besten wasserfeste Filzstifte geeignet. Aber malen Sie die Gesichter vorsichtshalber mit Bleistift vor.

Technik

Versäubern

Da die Strickschläuche leicht ausfransen oder bei Beanspruchung Maschen fallen lassen, ist das Versäubern der Schlauchenden unerläßlich. Ziehen Sie dazu etwas Strickschlauch auf, damit alle Maschen einer Reihe sichtbar sind. Nun nehmen Sie mit einer stumpfen Nadel alle Maschen auf und nähen sie zusammen.

Zusammennähen

Bei manchen Modellen muß man den Strickschlauch der Form entsprechend zusammennähen. Dazu wird er mit einer scharfen Schere zugeschnitten, auf die linke Seite gewendet und mit kleinen Steppstichen vernäht. Wenn Sie ihn auf die rechte Seite zurück wenden, sehen Sie eine saubere Naht.

Aufrollen

Das Aufrollen der Strickschläuche ist die dritte Möglichkeit der Verarbeitung. Schlagen Sie dazu den Schlauch etwa zweimal ein und fixieren Sie die entstandene Rolle am Strickschlauch mit ein paar lockeren Handstichen. So kann das aufgerollte Stück nicht mehr aufgehen.

Abnähen

Wenn Sie beispielsweise Hartschaumteile zu Gesichtern verarbeiten, können Sie für die Nase Pompons oder Watte unter den Strickschlauch schieben und mit Heftstichen umnähen. Werden die Stiche zusammengezogen und vernäht, entsteht eine Nase aus dem gleichen Strickschlauch wie das Gesicht. So erzielen Sie mit wenig Aufwand einen interessanten Effekt.

Lustige Figuren

Material

- Bastelpackung »Clown«
- Hartschaumzapfen, 12 cm hoch für den Körper
- roter Chenilledraht
- 20 cm roter Strickschlauch, 3 cm breit
- 17 cm roter Strickschlauch, 6 cm breit
- 15 cm blauer Strickschlauch, 3 cm breit
- 7 cm grüner Strickschlauch, 3 cm breit
- 18 cm gelb-grün gestreifter Strickschlauch, 6 cm breit
- Heißkleber
- Nähnadel
- gelber und roter Bindfaden
- Schere

Clown

Der lustige Clown macht nicht nur Kindern Spaß. Auch als Dekoration auf dem Büffet für eine Faschingsparty zieht er alle Blicke auf sich.

So wird's gemacht

Versäubern Sie eine Seite des 6 cm breiten roten Strickschlauches, indem Sie alle Maschen mit dem roten Bindfaden aufnehmen und zusammennähen. Der Zapfen wird in den Strickschlauch geschoben und der Schlauch am Ende mit Steppstichen zusammengenäht. Rollen Sie den restlichen Strickschlauch auf und fixieren Sie ihn mit ein paar Heftstichen. Bohren Sie mit der Schere am Zapfenende ein Loch und befestigen Sie den Clown-Kopf mit 4 cm Chenilledraht und etwas Klebstoff. Ziehen Sie ein paar gelbe Reihen vom gestreiften Strickschlauch für die Haare auf und kleben Sie die Fäden am Kopf fest.

Für die Arme werden zwei 7 cm lange Stücke Chenilledraht zugeschnitten, rechts und links in den bezogenen Zapfen je ein Loch mit der Schere gebohrt und der Draht mit Klebstoff fixiert. Den 3 cm breiten roten Strickschlauch teilen Sie in zwei 10 cm lange Stücke, rollen ihn an jedem Ende auf und fixieren ihn mit ein paar Heftstichen. Der Strickschlauch wird über den Draht gezogen und am Körper mit Klebstoff fixiert. Kleben Sie nun die beiden fertigen Hände am Drahtende fest.

Stechen Sie mit der Schere zwei Löcher für die Beine ins untere Ende des Hartschaumzapfens. Für die Hose wird der gestreifte Strickschlauch 10 cm längs aufgeschnitten, auf die linke Seite gewendet und mit Steppstichen zu Hosenbeinen zusammengenäht. Schneiden Sie zwei 9 cm lange Chenilledrahtstücke zu und kleben Sie diese am unteren Zapfenende in die beiden vorgestochenen Löcher. Die Hose wird nun übergezogen, mit etwas Klebstoff am Körper fixiert. Dann kleben Sie beide Füße an.

Teilen Sie den blauen Strickschlauch in zwei 7,5 cm lange Teile, rollen Sie ihn auf und fixieren Sie ihn mit ein paar Heftstichen. Verfahren Sie genauso mit dem grünen Strickschlauch und plazieren Sie die drei Schlauchstücke am Hals und an beiden Armen.

Material

Für jede der drei Figuren:
- Bleistift
- Nähnadel
- grüner bzw. roter Bindfaden
- Schere

Für das grüne Männchen:
- Holzkugel, 2,5 cm Ø
- 2 Wackelaugen, 1 cm Ø
- rote Rocailleperle
- rotes Ringelband
- 7 cm roter Strickschlauch, 2 cm breit
- 7 cm grüner Strickschlauch, 2 cm breit

Für das Püppchen:
- Holzkugel, 1,5 cm Ø
- 2 Holzperlen, 6 mm Ø
- rote Rocailleperle
- roter Chenilledraht
- silberfarbenes Geschenkband
- 5 cm roter Strickschlauch, 2 cm breit
- 6 cm rot-grau gestreifter Strickschlauch, 1,5 cm breit
- Filzstifte
- Klebstoff

Für den Marienkäfer:
- Hartschaumkugel, 3 cm Ø
- schwarzer Filz
- schwarzer Chenilledraht
- 6 cm roter Strickschlauch, 2 cm breit
- 7 cm grüner Strickschlauch, 1,5 cm breit
- 2 Wackelaugen, 5 mm Ø
- schwarzer Pompon, 6 mm Ø
- Klebstoff

Drei Bleistift-figuren

Mit einem lustigen Figürchen auf dem Bleistift gehen die Hausaufgaben leichter von der Hand. Ein solcher Stift findet in jeder Schultüte noch Platz.

So wird's gemacht

Grünes Männchen (oben im Bild): Rollen Sie den roten Strickschlauch auf beiden Seiten auf und fixieren Sie ihn mit ein paar Heftstichen. Überziehen Sie die Holzkugel mit grünem Strickschlauch und binden Sie ihn nach etwa 1 cm mit rotem Ringelband ab. Die Kugel kleben Sie auf den Bleistift, nähen sie unten mit ein paar Heftstichen ab und rollen den restlichen Schlauch auf. Schieben Sie das rote Stück über den Bleistift und fixieren Sie es mit etwas Klebstoff. Die Wackelaugen und die Perle werden auf den grünen Kopf geklebt und das Ringelband über eine Schere gezogen.

Püppchen (unten im Bild): Rollen Sie den gestreiften Strickschlauch auf einer Seite auf und fixieren Sie ihn mit ein paar Heftstichen. Damit überziehen Sie den Bleistift, fixieren den Schlauch mit etwas Klebstoff und nähen ihn am anderen Ende ab. Befestigen Sie an etwa 5 cm Chenilledraht zwei Holzperlen und kleben Sie ihn am Strickschlauch fest. Für die Mütze wird der rote Strickschlauch an einem Ende versäubert, am anderen Ende aufgerollt und mit ein paar Heftstichen fixiert. Die Holzkugel kleben Sie als Kopf auf den Bleistift, malen Augen und Mund auf, kleben die Rocailleperle als Nase auf und befestigen die fertige Mütze. Die Schleife wird aus 6 cm Geschenkband gelegt, in der Mitte abgebunden und am Hals festgeklebt.

Marienkäfer (Seite 12/13, Bildmitte): Rollen Sie den grünen Strickschlauch auf beiden Seiten auf und fixieren Sie ihn mit ein paar Heftstichen, wobei Sie in der Mitte etwa 3 cm stehen lassen. Damit überziehen Sie den Bleistift und fixieren ihn mit etwas Klebstoff. Für den Käfer teilen Sie die Hartschaumkugel in zwei Hälften und überziehen eine davon mit rotem Strickschlauch. Versäubern Sie beide Enden, indem Sie alle Maschen aufnehmen und zusammennähen. Mit Hilfe eines Papierlochers werden sechs Kreise aus schwarzem Filz hergestellt und auf dem Rücken des Käfers verteilt. Kleben Sie die Wackelaugen und den schwarzen Pompon auf. Die Fühler bestehen aus etwa 2 cm langen Chenilledraht-Abschnitten, die in die Hartschaumkugel gesteckt werden. Kleben Sie den fertigen Käfer auf den Bleistift und den grünen Strickschlauch auf.

Bücherwurm

Ein Bücherwurm für Bücherwürmer: Verschenken Sie dieses witzige Lesezeichen mit einem spannenden Roman.

Material

- *1 Holzkugel, 1,5 cm Ø*
- *4 Holzkugeln, 1 cm Ø*
- *1 gelbe Holzkugel, 1,5 cm Ø*
- *1 gelbe Feder*
- *blaue Rocailleperlen, 5 mm Ø*
- *gelbe Pompons, 7 mm Ø*
- *40 cm blaue Kordel, 2 mm Ø*
- *8 cm rot-weißer Strickschlauch, 1,25 cm breit*
- *Filzstifte*
- *Klebstoff*
- *Nähnadel*
- *weißer Bindfaden*
- *Schere*

So wird's gemacht

Ein Ende der blauen Kordel verknoten Sie und schieben die Kordel in den Strichschlauch. Nun wird der Strickschlauch versäubert, indem Sie alle Maschen mit dem weißen Bindfaden aufnehmen und zusammenziehen. Die Kordel wird nun durch die große Holzkugel gezogen und mit Klebstoff fixiert. Am anderen Ende wird eine gelbe Holzperle aufgezogen und anschließend auch dieses Kordelende verknotet. Füllen Sie den Strickschlauch mit vier Holzperlen und nähen Sie ihn am Ende zu. Mit dem restlichen Bindfaden werden drei gelbe Pompons aufgezogen und fixiert. Binden Sie den Strickschlauch zwischen den Perlen mit Bindfaden ab, kleben Sie die Rocailleperlen auf und bemalen Sie den Kopf mit Filzstiften. Zum Schluß kleben Sie die gelbe Feder in die Kopfperle des Bücherwurms.

Material

- Holzstab, 45 cm lang
- Hartschaumscheibe, 10 cm Ø
- Hartschaumkugel, 3 cm Ø
- 25 cm gelb-schwarz gestreifter Strickschlauch, 8 cm breit
- 5 cm roter Strickschlauch, 2 cm breit
- gelb-schwarze Pompons, 2 cm Ø
- 160 cm gelber Tüll, 5 cm breit
- 100 cm roter Samtfaden
- roter Clownhut
- Bonbons
- Heißkleber
- Nähnadel
- gelber und roter Bindfaden
- Schere

Lolly

Ein originelles Mitbringsel in der närrischen Zeit: Der Lolly selbst ist aus Hartschaum und Strickschlauch. Doch er hat viele bunte Bonbons dabei.

So wird's gemacht

Legen Sie die Hartschaumscheibe auf den gestreiften Strickschlauch und schneiden Sie den Schlauch entlang der Rundung zu. Der Schlauch wird auf die linke Seite gewendet und mit Steppstichen zusammengenäht. Rollen Sie den Strickschlauch auf der anderen Seite auf und sichern Sie ihn mit Heftstichen. Der Holzstab wird in die Scheibe gesteckt und mit Klebstoff fixiert. Die Scheibe überziehen Sie mit dem Strickschlauch und binden ihn unten mit dem roten Samtfaden ab. Für die Nase werden 0,5 cm von der Hartschaumkugel abgeschnitten, mit rotem Strickschlauch überzogen, an beiden Seiten versäubert und mit der flachen Seite auf den überzogenen Lolly geklebt.

Teilen Sie den Tüll in zwei Teile und legen Sie zwei doppelte Schleifen, die in der Mitte mit rotem Samtfaden abgebunden werden. Die Bonbons werden an Samtfäden in verschiedenen Längen geknotet und an der Schleife befestigt. Binden Sie die Schleife mit den Bonbons unterhalb des Lollys fest und kleben Sie den Hut und die Augen (gelb-schwarze Pompons) auf.

18

Herz

Verschenken Sie Ihr Herz mit diesem außergewöhnlichen Valentinsgruß!

So wird's gemacht

Überziehen Sie das Hartschaumherz mit rotem Strickschlauch und schieben Sie den roten Pompon zwischen Herz und Schlauch-Überzug. Schneiden Sie den überstehenden Schlauch der Form nach ab und nähen Sie den Überzug oben und unten zusammen.

Der rote Pompon wird mit Heftstichen umnäht und der Strickschlauch zusammengezogen.

Für die Mütze wird die kleine Hartschaumkugel geteilt und mit blauem Strickschlauch überzogen. Versäubern Sie beide Enden und nähen Sie den gelben Pompon an. Schneiden Sie das Mützenschild (Vorlage) aus dem gelben Moosgummi aus und kleben Sie es auf die flache Kugelhälfte, so daß es etwa 1 cm übersteht. Die Mütze und die Wackelaugen werden auf das Herz geklebt.

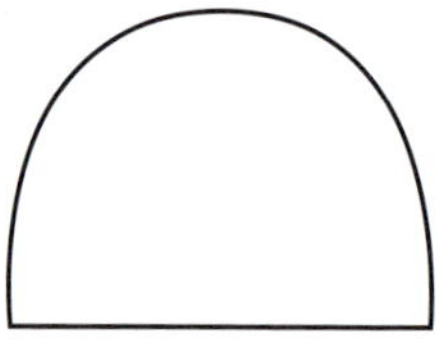

Mützenschild

Die Arme bestehen aus je 4 cm rotem Chenilledraht. Kleben Sie am einen Ende jedes »Armes« eine Holzkugel auf, das andere stechen Sie in das Herz ein. Für die Schleife werden 10 cm roter Chenilledraht mit gestreiftem Strickschlauch überzogen, die Enden zusammengenäht, flachgedrückt und in der Mitte abgenäht. Stecken Sie die Beine, bestehend aus je 6 cm rotem Chenilledraht mit angeklebten Schuhen, in die Herzunterseite und kleben Sie die Schleife darüber. Der Mund besteht aus 3 cm Chenilledraht, der in Form gebogen und aufgeklebt wird.

Material

- *Hartschaumherz, 9 cm breit*
- *Hartschaumkugel, 3 cm Ø für die Mütze*
- *12 cm roter Strick-schlauch, 6 cm breit*
- *11 cm rot-weiß gestreifter Strickschlauch, 1,5 cm breit*
- *5 cm blauer Strick-schlauch, 2 cm breit*
- *2 Wackelaugen mit Wimpern, 1,3 cm Ø*
- *2 Holzperlen, 7 mm Ø*
- *roter Chenilledraht*
- *gelber Moosgummi*
- *1 gelber Pompon, 1 cm Ø*
- *1 roter Pompon, 2 cm Ø*
- *2 Holzschuhe, 1,5 cm lang*
- *Schaschlikspieß*
- *roter und blauer Bind-faden*
- *Nähnadel*
- *Heißkleber*
- *Schere*

20

Material

- Hartschaumkugel, 5 cm Ø
- 4 Holzperlen, 8 mm Ø
- 20 cm rosafarbener Strickschlauch, 6 cm breit
- 2 Wackelaugen, 1 cm Ø
- lilafarbener Chenilledraht
- lilafarbener Moosgummi
- 30 cm lilafarbene Wolle
- Filzstift
- Heißkleber
- Nähnadel
- rosafarbener Bindfaden
- Schere

Sparstrumpf

Endlich ist eine Kreuzung aus Sparstrumpf und Sparschwein gelungen. Das Ergebnis sehen Sie hier – und können es ganz einfach nacharbeiten.

So wird's gemacht

Ziehen Sie ein paar Reihen rosafarbener Wolle für die Haare auf. Versäubern Sie eine Seite des rosafarbenen Strickschlauches, indem Sie die Maschen aufnehmen und zusammennähen. Überziehen Sie die Hartschaumkugel mit dem Schlauch und nähen Sie ihn auf der anderen Seite der Kugel mit Heftstichen ab. Rollen Sie den restlichen Strickschlauch etwa 10 cm weit auf, sichern Sie ihn mit Heftstichen und kleben Sie darauf die Abdeckung mit Schlitz (Vorlage). Die Ohren und Schnauze werden aus Moosgummi ausgeschnitten (Vorlage) und mit den Haaren und den Augen aufgeklebt. Schneiden Sie vier Chenilledrahtstücke mit je 3 cm Länge zu, kleben Sie die Holzperlen an und stecken Sie die »Beinchen« in die Hartschaumkugel. Für die Aufhängung wird die lilafarbene Wolle an beiden Enden verknotet und unter den Strickschlauch geschoben.

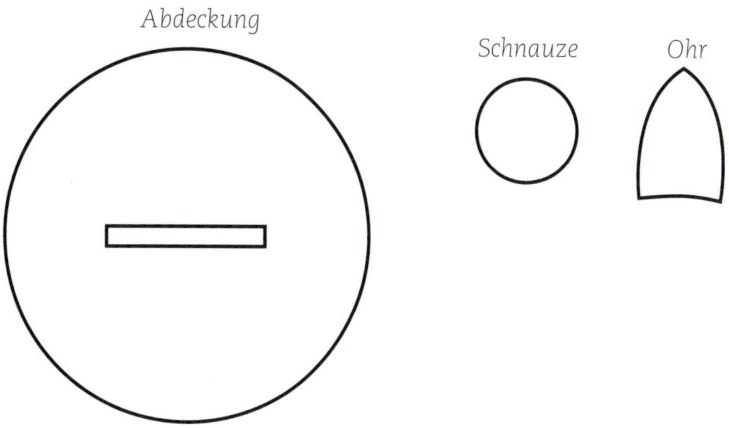

Material

- 1 Holzperle, 2,8 cm Ø
- 4 Holzperlen, 2,5 cm Ø
- 1 Holzperle, 5 mm Ø
- 6 gelbe Pompons, 1 cm Ø
- Wackelaugen, 7 mm Ø
- 15 cm blaues Satinband, 6 mm breit
- 15 cm blauer Strick-schlauch, 3 cm breit
- 20 cm roter Strick-schlauch, 3 cm breit
- starker Draht
- Heißkleber
- Nähnadel
- roter und blauer Bind-faden
- Schere

Roter Wurm

Ein drolliger Geselle und eine nette Dekoration zum Beispiel im Bücherregal ist dieser rote Wurm mit Holzkopf.

So wird's gemacht

Versäubern Sie eine Seite des roten Strickschlauches, indem Sie alle Maschen mit dem roten Bindfaden aufnehmen und zusammennähen. Die vier Holzperlen werden mit einem Zwischenraum von etwa 1 cm auf den starken Draht aufgereiht und mit Klebstoff fixiert. Stülpen Sie den Strickschlauch über die Holzperlen, rollen Sie den restlichen Schlauch am Ende auf und fixieren Sie ihn mit ein paar Heftstichen. Nähen Sie die Perlen-Zwischenräume mit Steppstichen ab und kleben Sie gelbe Pompons darauf. Aus dem Satinband binden Sie eine einfache Schleife und kleben sie auf das Wurmende.

Wickeln Sie für den Kragen 7 cm blauen Strickschlauch an beiden Enden nach innen auf und kleben Sie den Kragen auf das andere Wurmende. Darauf befestigen Sie nun mit Heißkleber die große Perle als Kopf. Für die Mütze werden die restlichen 8 cm blauer Strickschlauch an einem Ende versäubert, am anderen Ende aufgerollt und auf den Kopf geklebt. Befestigen Sie die drei Pompons mit Klebstoff auf der Mütze. Das Gesicht besteht aus zwei Wackelaugen und der kleinen Holzperle als Nase, die ebenfalls aufgeklebt werden.

24

Vogelscheuche

Zu einer sommerlichen Dekoration im Blumenfenster paßt diese Vogelscheuche – vielleicht kombiniert mit der niedlichen Maus von Seite 26/27.

So wird's gemacht

Versäubern Sie eine Seite des braunen Strickschlauches, indem Sie alle Maschen mit dem Bindfaden aufnehmen und zusammennähen. Dann wird der braune Strickschlauch über die kleine Hartschaumkugel gezogen, am anderen Ende aufgerollt und mit ein paar Heftstichen fixiert. Verfahren Sie mit dem roten Strickschlauch und der großen Kugel ebenso.

Der Kopf wird mit Heißkleber auf den Körper geklebt. Den »Hals« umwickeln Sie mit Bast, den Sie zu einer Schleife binden. Kleben Sie den Hut, die Knöpfe und den Pompon auf den Kopf.

Legen Sie sich ein paar Bastabschnitte in einer Länge von etwa 14 cm zurecht und binden Sie sie in der Mitte mit Bindedraht ab. Sie benötigen zwei dünne und ein dickeres Bastbüschel. Die beiden dünneren Bastbüschel stecken Sie links und rechts in die große Kugel (siehe Foto) und überziehen sie mit blauem beziehungsweise grünem Strickschlauch, der an beiden Seiten aufgerollt und mit Heftstichen fixiert wurde. Kleben Sie beide Schlauchstücke am Körper fest. Das dritte Büschel wird mit dem Holzstab in die Kugelunterseite gesteckt und festgeklebt. Verzieren Sie am Ende die Vogelscheuche mit einem Glöckchen, das Sie mit einer Sicherheitsnadel feststecken, und einem aufgeklebten Juteflicken.

Material

- Hartschaumkugel, 5 cm Ø, für den Kopf
- Hartschaumkugel, 8 cm Ø, für den Körper
- 10 cm brauner Strickschlauch, 4 cm breit
- 16 cm roter Strickschlauch, 6 cm breit
- 7 cm blauer Strickschlauch, 2 cm breit
- 7 cm grüner Strickschlauch, 2 cm breit
- Naturbast
- 2 Knöpfe, 1,3 cm Ø
- Juteflicken, Sicherheitsnadel und Glöckchen
- gelber Pompon, 0,5 cm Ø
- Strohhut, 8 cm Ø
- 20 cm langer Holzstab, 0,5 cm Ø
- Bindedraht
- brauner, roter, blauer und grüner Bindfaden
- Nähnadel
- Heißkleber
- Schere

Maus

Vor dieser Maus gruselt es sicher niemandem. Wer möchte, bastelt gleich eine ganze Mäusefamilie, die am Fensterbrett entlangspaziert.

So wird's gemacht

Schneiden Sie etwa 1 cm des Hartschaum-Eies der Länge nach ab und überziehen Sie den größeren Rest des Eies mit braunem Strickschlauch. Versäubern Sie beide Enden, indem Sie alle Maschen aufnehmen und zusammennähen. Kleben Sie die Wackelaugen und die aus der Reismatte ausgeschnittenen Ohren (siehe Vorlage) auf. Die Barthaare bestehen aus Naturbast, der an der Schnauze der Maus durch den Strickschlauch gezogen wird. Für den Schwanz werden etwa 5 cm Bast an einem Ende verknotet und am Hinterteil der Maus festgeklebt.

Ohr

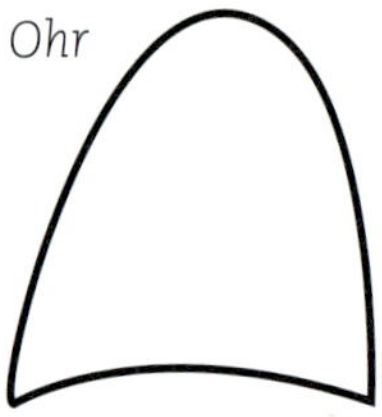

Material

- *Hartschaum-Ei, 7 cm lang*
- *Reismatte*
- *Naturbast*
- *9 cm brauner Strick-schlauch, 4,5 cm breit*
- *2 Wackelaugen, 1 cm Ø*
- *Klebstoff*
- *Nähnadel*
- *brauner Bindfaden*
- *Schere*

28

Material

- Hartschaumkugel mit 6 flachen Seiten, 7 cm Ø
- 13 cm gelber Strickschlauch, 6 cm breit
- grüner, schwarzer und orangefarbener Moosgummi
- schwarzer Chenilledraht
- Heißkleber
- Nähnadel
- gelber Bindfaden
- Schere

Kürbis

Im Herbst leuchten sie schaurig-schön in der Dunkelheit: Laternen aus ausgehöhlten Kürbissen mit ausdrucksvollen Gesichtern. Dieser Halloween-Kürbis ist handlicher als seine Kollegen aus dem Garten und paßt deshalb auch auf einen herbstlich gedeckten Tisch.

So wird's gemacht

Der gelbe Strickschlauch wird an einer Seite versäubert, indem Sie alle Maschen aufnehmen und zusammennähen. Der restliche Strickschlauch wird aufgerollt und mit ein paar Heftstichen fixiert. Stecken Sie 3 cm schwarzen Chenilledraht in die Kugeloberseite, schneiden Sie drei Blätter aus grünem Moosgummi aus (Vorlage) und ordnen Sie die Blätter um den Draht an. Aus dem orangefarbenen Moosgummi werden sechs Streifen, 0,5 cm breit und 10 cm lang, ausgeschnitten und auf die flachen Kugelseiten geklebt. Augen, Nase und Mund bestehen aus schwarzem Moosgummi (Vorlage) und werden auf den Kürbis geklebt.

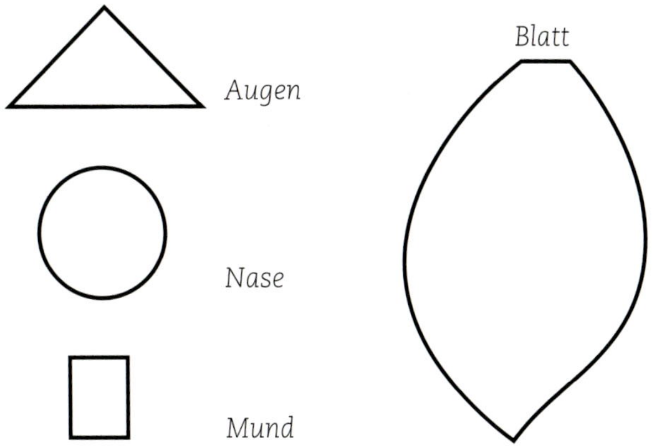

Rabe

Verschmitzt schaut dieser Rabe aus seinem Strohnest heraus. Er ist in kürzester Zeit aus Strickschlauch, Hartschaum und Holzabfällen gebastelt.

Material

- *Hartschaumkegel, 12 cm hoch*
- *2 Holzkeile, 5 cm lang, 2 cm breit*
- *17 cm schwarzer Strickschlauch, 6 cm breit*
- *12 cm gelber Strickschlauch, 1,5 cm breit*
- *2 Wackelaugen mit Wimpern, 1,3 cm Ø*
- *gelber Moosgummi*
- *Heißkleber*
- *Nähnadel*
- *schwarzer und gelber Bindfaden*
- *Schere*

So wird's gemacht

Ziehen Sie ein paar Reihen schwarze Wolle für die Haare auf. Überziehen Sie den Hartschaumkegel mit schwarzem Strickschlauch, den Sie am Kegel entlang schräg abschneiden. Dabei lassen Sie jeweils 1,5 cm als Nahtzugabe überstehen. Der Schlauch wird am Kegel entlang mit Steppstichen zusammengenäht. Rollen Sie den restlichen Strickschlauch an der unteren Seite auf, sichern Sie ihn mit Heftstichen und fixieren Sie ihn mit Klebstoff. Für den Schnabel werden beide Holzkeile mit gelbem Strickschlauch überzogen, an beiden Enden versäubert und ebenso wie die Augen auf dem Kegel festgeklebt. Schneiden Sie zwei Füße, zwei Flügel und den Schwanz (Vorlage) aus Moosgummi aus und komplettieren Sie damit den Raben. Die schwarze Wolle wird entlang der Naht aufgeklebt.

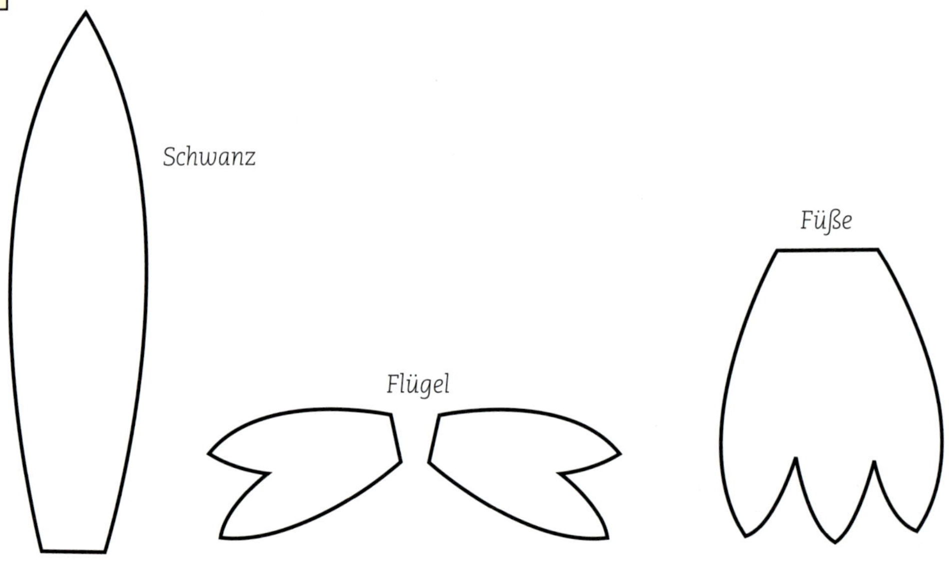

32

Engel

Mit goldfarbenen Fäden durchwirkter Strickschlauch und zartes Feenhaar verleihen diesem Engel sein festliches Aussehen.

Material

- *Hartschaumengel, 16 cm hoch*
- *20 cm weiß-goldener Strickschlauch, 6 cm breit*
- *15 cm rot-goldener Strickschlauch, 2 cm breit*
- *8 cm rosafarbener Strickschlauch, 4,5 cm breit*
- *2 ovale Wackelaugen, 1 cm hoch*
- *weißes Feenhaar*
- *1 weißer Pompon, 0,5 cm Ø*
- *1 roter Lurex-Pompon, 1,5 cm Ø*
- *Chenilledraht*
- *Holzhände, 2 cm lang*
- *roter und weißer Bindfaden*
- *Nähnadel*
- *Heißkleber*
- *Schere*

So wird's gemacht

Überziehen Sie den Engelskopf mit rosafarbenem Strickschlauch, den Sie an beiden Enden zusammennähen. Den Körper überziehen Sie mit weiß-goldenem Strickschlauch, den Sie an der Unterseite und der Kegelspitze entlang der Form zusammennähen. Etwa 2 cm Strickschlauch rollen Sie auf, fixieren ihn mit Heftstichen, klappen das aufgerollte Stück vorne nach unten und kleben es fest. Für die Arme wird der rote Strickschlauch geteilt, über je 6 cm Chenilledraht gezogen, an einer Seite versäubert, an der anderen aufgerollt und mit Heftstichen fixiert. Oberhalb des Kegels stecken Sie die Arme ein und fixieren sie mit Klebstoff. Auf den Chenilledraht werden die beiden Holzhände geklebt.

Ordnen Sie nun das Feenhaar auf dem Kopf an und kleben Sie es fest. Der rote Pompon wird auf das Haar, die Augen und der weiße Pompon werden als Gesicht aufgeklebt.

Material

- Hartschaumkugel, 3 cm Ø, für den Kopf
- Hartschaumkugel, 4 cm Ø, für den Körper
- schwarzer Zylinder, 2 cm hoch
- roter Chenilledraht für die Nase
- 3 schwarze Knöpfe, 7 mm Ø
- 2 rote Pompons, 1 cm Ø
- 16 cm weiß-blau gestreifter Strickschlauch, 2 cm breit
- 15 cm weißer Strickschlauch, 3 cm breit
- Heißkleber
- Nähnadel
- weißer Bindfaden
- Schere

Schnee-
mann

Der Schneemann ist ein reizender winterlicher Tischschmuck – und so schnell fertiggestellt, daß Sie für jeden Gast einen anfertigen können.

So wird's gemacht

Versäubern Sie eine Seite des weißen Strickschlauches, indem Sie alle Maschen mit dem weißen Bindfaden aufnehmen und zusammennähen. Der Strickschlauch wird mit der kleinen, dann mit der großen Kugel gefüllt und mit Steppstichen dazwischen abgenäht. Rollen Sie den restlichen Strichschlauch auf und fixieren Sie ihn mit ein paar Heftstichen. Der Zylinder, die Augen und die Knöpfe werden mit Heißkleber am Schneemann befestigt. Die Nase besteht aus 2 cm Chenilledraht, der in die Hartschaumkugel gesteckt wird.

Versäubern Sie den blau-weiß gestreiften Strickschlauch und nähen Sie an jedes Ende einen roten Pompon. Der Schal wird locker um den Hals des Schneemannes geschlungen und mit etwas Heißkleber fixiert.

Zapfenmännchen

Kleine Figuren wie dieses Zapfenmännchen oder das Püppchen von Seite 37 können Sie vielseitig verwenden, zum Beispiel als Geschenkanhänger oder Schmuck für den Weihnachtsbaum.

Material

- *Zapfen, 7 cm hoch*
- *Holzkugel, 2,7 cm Ø*
- *weißer Chenilledraht*
- *1 blauer Pompon, 1 cm Ø*
- *6 cm roter Strickschlauch, 2 cm breit*
- *4 cm weißer Strickschlauch, 3 cm breit*
- *12 cm rot-grau gestreifter Strickschlauch, 1,5 cm breit*
- *Filzstifte*
- *Heißkleber*
- *Nähnadel*
- *roter und weißer Bindfaden*
- *Schere*

So wird's gemacht

Für die Arme ziehen Sie den rot-grau gestreiften Strickschlauch über 12 cm Chenilledraht, rollen ihn an beiden Enden auf und fixieren ihn mit Heftstichen. Biegen Sie den Draht an beiden Enden um und kleben Sie die Arme auf den Tannenzapfen. Der weiße Strickschlauch wird aufgerollt, fixiert und als Kragen auf den Zapfen geklebt. Bemalen Sie die Holzkugel mit einem freundlichen Gesicht und kleben Sie diesen Kopf auf den weißen Kragen. Für die Mütze werden beide Seiten des roten Schlauchs aufgerollt, mit Heftstichen fixiert und etwas zusammengezogen. Der Pompon wird auf der Mütze festgenäht, diese schräg auf den Kopf geklebt und das Zapfenmännchen mit dem weißen Bindfaden aufgehängt.

Püppchen

Als Einzelstück ist dieses Püppchen ein hübscher Geschenkanhänger. Mehrere davon, vielleicht in verschiedenen Farben gearbeitet, sehen an einem Strauß aus Zweigen oder am Weihnachtsbaum entzückend aus.

So wird's gemacht

Schneiden Sie den roten Strickschlauch 3 cm von oben und 4 cm von unten längs auf, wenden Sie ihn auf die linke Seite und nähen Sie mit Steppstichen Beine und Arme zusammen. Schneiden Sie zwei 10 cm lange Chenilledrahtstücke zu, ziehen Sie die Drähte über Kreuz durch den Körper und versäubern Sie die vier Enden des Strickschlauchs, indem Sie alle Maschen aufnehmen und zusammennähen. Die vier gelben Holzkugeln werden auf die Chenilledrahtenden gesteckt und mit Klebstoff fixiert. Der Körper wird in Form gebracht und die Holzkugel als Kopf zwischen die Arme geklebt.

Für die Mütze wird der gestreifte Strickschlauch an einem Ende versäubert, am anderen Ende aufgerollt und mit ein paar Heftstichen fixiert. Der gelbe Pompon wird am Ende angenäht und die fertige Mütze auf der Holzperle mit Klebstoff befestigt. Malen Sie nun das Gesicht auf und nähen Sie den roten Bindfaden als Aufhängung an die Mütze. Wer mag, kann eine Rocailleperle als Nase aufkleben.

Material

- *Holzkugel, 2 cm Ø*
- *4 gelbe Holzperlen, 1,4 cm Ø*
- *roter Chenilledraht*
- *10 cm roter Strickschlauch, 3 cm breit*
- *7 cm rot-grau gestreifter Strickschlauch, 1,5 cm breit*
- *1 gelber Pompon, 1 cm Ø*
- *evtl. 1 Rocailleperle*
- *Filzstift*
- *Klebstoff*
- *Nähnadel*
- *roter Bindfaden*
- *Schere*

Fisch-Mobile

Phantasiefische ziehen unter der Zimmerdecke ihre Kreise. Vier Typen stellen wir hier vor. Nach dem gleichen Prinzip können Sie aber beliebig viele weitere Fische selbst entwickeln.

So wird's gemacht

Kleiner Kugelfisch (ganz oben): Versäubern Sie eine Seite des roten Strickschlauches, indem Sie die Maschen aufnehmen und zusammennähen. Damit überziehen Sie die Hartschaumkugel, nähen den Schlauch am anderen Ende mit Heftstichen ab und rollen den restlichen Strickschlauch auf. Nähen Sie den aufgerollten Teil flach zusammen, damit das Fischmaul entsteht. Die Flossen werden nach Vorlage aus Moosgummi ausgeschnitten und zusammen mit den Augen auf den Fisch geklebt. Verknoten Sie die Buntkordel an einem Ende und schieben Sie dieses unter den Strickschlauch.

Flossen (kleiner Fisch)

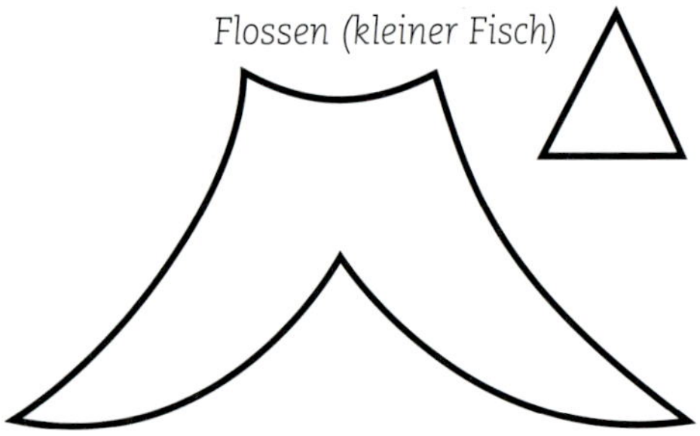

Material

- Buntkordel
- 2 Schaschlikspieße
- Heißkleber
- Nähnadel
- roter, grüner, gelber und blauer Bindfaden
- Schere

Für den kleinen Kugelfisch:

- Hartschaumkugel, 3 cm Ø
- 8 cm roter Strickschlauch, 2 cm breit
- 2 Wackelaugen, 1 cm Ø
- gelber und blauer Moosgummi

Für den Zapfenfisch:

- Hartschaumzapfen, 10 cm lang
- 14 cm gelber Strickschlauch, 3 cm breit
- 2 Wackelaugen, 1,5 cm Ø
- roter, lilafarbener und blauer Moosgummi

Für den großen grünen Fisch:

- Hartschaum-Ei, 9 cm lang
- 14 cm grüner Strickschlauch, 6 cm breit
- 5 cm roter Strickschlauch, 6 cm breit
- 2 rote Wackelaugen, 1 cm Ø
- je 2 rote Pompons, 1,5 cm und 0,5 cm Ø
- 2 grüne Pompons, 1 cm Ø
- grüne Feder

Für den Kraken:

- Hartschaumkugel, 6 cm Ø
- 12 cm weiß-blau gestreifter Strickschlauch, 6 cm breit
- 65 cm blauer Strickschlauch, 1,5 cm breit
- 50 cm Chenilledraht
- 2 ovale Wackelaugen 1,5 x 2 cm
- 6 blau-weiße Pompons, 1,5 cm Ø

Zapfenfisch: Verfahren Sie wie beim kleinen Kugelfisch, allerdings wird die Buntkordel durch die obere Flosse gestochen, am Ende verknotet und unter den Strickschlauch geschoben.

Großer grüner Fisch: Versäubern Sie eine Seite des grünen Strickschlauches, indem Sie die Maschen aufnehmen und zusammennähen. Verfahren Sie genauso mit dem roten Strickschlauch und kleben Sie diesen auf die schmale Seite des Eies. Überziehen Sie das Ei von der breiten Seite her mit dem grünen Schlauch und rollen Sie ihn am Ende über

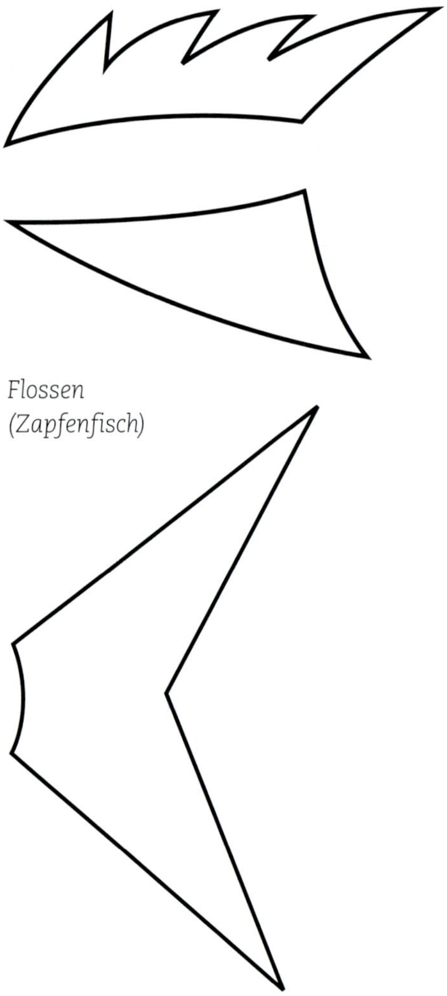

Flossen (Zapfenfisch)

dem roten Schlauch auf. Das entstandene »Maul« wird nun an der rechten und linken Seite so zusammengenäht, daß der rote Schlauch sichtbar bleibt. Die Augen und die verschieden großen Pompons werden auf den Körper geklebt, die Feder als Schwanzflosse in das Hartschaum-Ei gesteckt und mit Klebstoff fixiert. Die Aufhängung wird wie beim kleinen Kugelfisch angebracht.

Krake: Der gestreifte Strickschlauch wird nach etwa 1,5 cm mit Steppstichen abgenäht. Überziehen Sie die Hartschaumkugel mit dem Schlauch und nähen Sie ihn mit Heftstichen an der Unterseite so zusammen, daß eine Öffnung von etwa 3 cm entsteht. Rollen Sie den restlichen Schlauch auf und fixieren Sie ihn mit ein paar Heftstichen. Die Wackelaugen und einen Pompon kleben Sie als Gesicht auf die Kugel.

Für die Fangarme schneiden Sie den blauen Strickschlauch in fünf 13 cm lange Stücke, die Sie jeweils an einem Ende versäubern. Nähen Sie mit dem restlichen Faden je einen Pompon am versäuberten Ende fest. Der Chenilledraht wird ebenfalls in 10 cm lange Stücke geteilt und mit dem blauen Schlauch überzogen. Rollen Sie den restlichen blauen Schlauch auf, fixieren Sie ihn mit Heftstichen und kleben Sie die fünf Fangarme gleichmäßig verteilt an der Krakenunterseite fest. Die Fangarme können nun beliebig gebogen werden. Die Aufhängung wird wie beim kleinen Kugelfisch angebracht.

Fertigstellung: Die fertigen Fische und der Krake werden mit der Buntkordel so an den Schaschlikspießen angebunden, daß die Gewichte gleichmäßig verteilt sind. Wenn Sie für jeden Fisch die richtige Position gefunden haben, fixieren Sie die Knoten mit etwas Klebstoff, damit nichts aus dem Gleichgewicht kommt.

Früchte-Mobile

Bei diesem Mobile drehen sich die Zutaten für einen leckeren Obstsalat: Apfel, Birne, Zitrone, Kirschen und Pflaumen. Auch dieses Sortiment läßt sich nach Wunsch um zusätzliche Früchte erweitern. Lustig wirken einzelne Früchte in einer Obstschale.

Material

- 3 Schaschlikspieße
- grüner Samtfaden
- 6 grün-weiße Pompons, 1,5 cm Ø
- gelber, roter, blauer Bindfaden
- Heißkleber
- Nähnadel
- Schere

Für die Zitrone:
- Hartschaum-Ei, 9 cm hoch
- 14 cm gelber Strickschlauch, 6 cm breit
- 5 cm gelber Strickschlauch, 3 cm breit
- grüner Moosgummi
- zwei Wackelaugen, 1 cm
- 1 gelber Pompon, 1 cm Ø

Für den Apfel:
- Hartschaumkugel, 8 cm Ø
- 18 cm roter Strickschlauch, 6 cm breit
- grüner Chenilledraht
- 2 Wackelaugen, 1,3 cm Ø
- grüner Moosgummi
- 1 roter Pompon, 2 cm Ø

Für die Kirschen:
- 2 Hartschaumkugeln, 3 cm Ø
- 15 cm roter Strickschlauch, 2 cm breit
- grüner Chenilledraht
- 4 Wackelaugen, 3 mm Ø
- grüner Moosgummi
- 2 grüne Pompons, 5 mm Ø

Für die Pflaumen:
- 2 Hartschaum-Eier, 5 cm hoch
- 18 cm blauer Strickschlauch, 3 cm breit
- schwarzer Chenilledraht
- 4 Wackelaugen mit Wimpern, 7 mm Ø
- grüner Moosgummi
- 2 blaue Pompons, 1 cm Ø

Für die Birne:
- Hartschaumkugel, 6 cm Ø
- Hartschaum-Ei, 5 cm hoch
- 16 cm grün-gelb gestreifter Strickschlauch, 6 cm breit
- schwarzer Chenilledraht
- 2 Wackelaugen mit Wimpern, 1,2 cm Ø
- grüner Moosgummi
- 1 gelber Pompon, 1 cm Ø

So wird's gemacht

Zitrone: Der breite gelbe Strickschlauch wird an beiden Seiten versäubert, indem Sie alle Maschen aufnehmen und zusammennähen. Aus grünem Moosgummi schneiden Sie zwei Blätter aus (Vorlage) und ordnen sie an der Oberseite des Eies an. Schneiden Sie den Mund aus und kleben Sie ihn ebenso wie den gelben Pompon als Nase und die Augen auf das Ei. Für die Mütze wird der schmale Strickschlauch an einer Seite versäubert und an der anderen aufgerollt und mit Heftstichen gesichert. Kleben Sie die Mütze schräg auf die Blätter auf und bringen Sie den grünen Samtfaden als Aufhängung an.

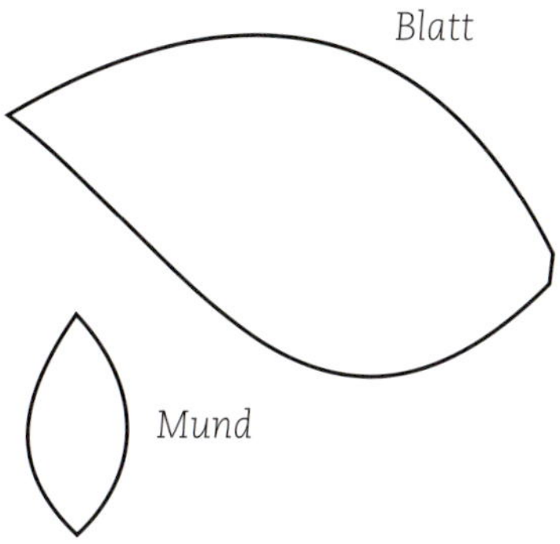

Apfel: Versäubern Sie den roten Strickschlauch an einer Seite, überziehen Sie die Hartschaumkugel und schieben Sie den roten Pompon zwischen Kugel und Strickschlauch. Schlagen Sie den Strickschlauch an der anderen Seite etwa 2 cm ein und nähen Sie ihn mit Heftstichen zu. Dies ist die Apfeloberseite, in die 3,5 cm grüner Chenilledraht gesteckt werden. Umnähen Sie den Pompon mit Heftstichen und ziehen Sie den Strickschlauch so zusammen, daß die Nase entsteht. Schneiden Sie aus dem grünen Moosgummi das Blatt und den Mund aus und kleben Sie beides zusammen mit den Augen auf den Apfel auf. Ein etwa 6 cm langes Stück grüner Chenilledraht wird aufgerollt und auf die versäuberte Apfelunterseite geklebt.

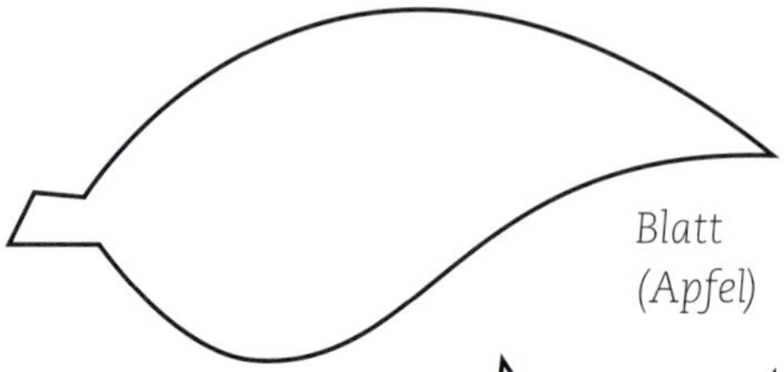

Blatt (Apfel)

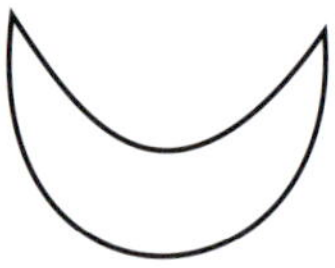

Mund

Kirschen: Teilen Sie den Strickschlauch in zwei 7,5 cm lange Teile, versäubern Sie ihn an einer Seite und überziehen Sie die Hartschaumkugeln damit. Stecken Sie ein 13 cm langes Stück Chenilledraht in beide Kugeloberseiten und nähen Sie den Strickschlauch mit Heftstichen so zusammen, daß etwas Schlauch übersteht. Der Draht wird zur Hälfte abgeknickt. Zum Schluß kleben Sie die aus Moosgummi ausgeschnittenen Blätter (Vorlage), die Augen und die Nase auf.

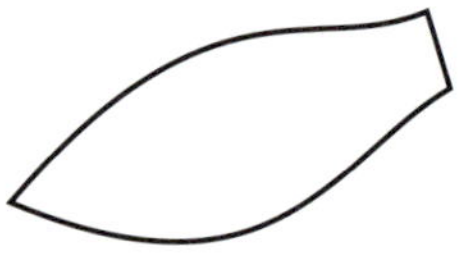

Blatt (Pflaume, Birne und Kirsche)

Pflaumen: Halbieren Sie den blauen Strickschlauch, überziehen Sie die beiden Hartschaum-Eier damit und versäubern Sie danach alle Enden. Ein 3 cm und ein 2 cm langes Stück schwarzer Chenilledraht werden in je ein Ei gesteckt und mit Klebstoff fixiert. Kleben Sie die Augen, Nasen und je ein aus Moosgummi ausgeschnittenes Blatt (Vorlage) auf die Pflaumen. Ein 12 cm langes Stück Chenilledraht wird in Form gebogen, an den Stielen der beiden Pflaumen angebracht und an den Enden mit zwei Blättern beklebt.

Birne: Ziehen Sie etwas gelbe Wolle für die Haare auf. Kleben Sie das Hartschaum-Ei auf die Kugel auf und überziehen die Birne mit dem gestreiften Strickschlauch. Die untere Seite der Birne wird versäubert, die obere mit Heftstichen abgenäht, der restliche Schlauch aufgerollt und mit Heftstichen fixiert. Ein etwa 3 cm langes Drahtstück wird als Stiel eingeklebt, ein 6 cm langes Stück Chenilledraht aufgerollt und an die Birnenunterseite geklebt. Schneiden Sie das Birnenblatt aus (Vorlage) und kleben Sie es mit den Haaren, Augen und der Nase auf die Birne auf.

Fertigstellung: Die fertigen Früchte werden mit dem grünen Samtfaden an den Schaschlikspießen so befestigt, daß ihr Gewicht gleichmäßig verteilt ist. Kleben Sie die Knoten mit etwas Klebstoff fest. Die Enden der Spieße werden angespitzt, weißgrüne Pompons aufgesteckt und mit Klebstoff fixiert.

Tisch-
dekoration

Da werden die Gäste beim Kindergeburtstag staunen: Drollige Figürchen aus Strickschlauch schmücken Serviettenringe, Tischkarten und Trinkhalme.

Material

- *Tonkarton, Farbe nach Wahl*
- *bunte Pompons, 0,7 cm und 1 cm Ø*
- *Chenilledraht*
- *bunte Rocailleperlen, 3 mm und 4 mm Ø*
- *Filzstift*
- *Klebstoff*
- *Nähnadel*
- *Bindfaden, verschiedene Farben*
- *Schere*

Für die Tischkarten:

- *je 7 cm Strickschlauch, 2 cm breit, in verschiedenen Farben*

Für die Trinkhalme:

- *Trinkhalme zum Abknicken*
- *je 7 cm Strickschlauch, 1,5 cm breit, in verschiedenen Farben*

Für die Serviettenringe:

- *je 8 cm Strickschlauch, 3 cm breit, in verschiedenen Farben*
- *je 20 cm Strickschlauch, 1,5 cm breit, gestreift in verschiedenen Farben*

So wird's gemacht

Tischkarten: Schneiden Sie aus Tonkarton für jede Karte ein Quadrat mit den Maßen 10 x 10 cm, falzen Sie es in der Mitte um und beschriften Sie die Karte mit Filzstift. Rollen Sie 7 cm Strickschlauch (Farbe nach Wahl) auf beiden Seiten auf und fixieren Sie ihn mit ein paar Heftstichen. Für die Augen werden zwei große Rocailleperlen aufgenäht.

Ziehen Sie ein paar Reihen Strickschlauch einer anderen Farbe auf und kleben Sie die Wolle mit einem kleinen Pompon der gleichen Farbe als Schleife auf den vorbereiteten Schlauch. Der zweite kleine Pompon dient als Nase. Zur Fertigstellung werden zwei große Pompons als Ohren angeklebt und das Ganze auf dem Tonkarton fixiert.

Trinkhalme: Verfahren Sie wie bei den Figürchen für die Tischkarten, doch verwenden Sie diesmal die kleinen Rocailleperlen und die kleinen Pompons. Die fertigen Schläuche werden nicht an die Trinkröhrchen geklebt, sondern nur aufgesteckt, damit die Kinder sie auch als Fingerpuppen nutzen können.

Serviettenringe: Verfahren Sie wie bei den Tischkarten, und verwenden Sie große Rocailleperlen und große Pompons. Überziehen Sie 19 cm Chenilledraht mit dem gestreiften Strickschlauch. Darüber wird das fertige Gesicht gestülpt. Der Chenilledraht wird zum Ring geschlossen, die Enden des gestreiften Schlauches werden zusammengenäht. Das Gesicht schieben Sie über die Naht und fixieren es mit Klebstoff.

Eierwärmer »Hahn und Henne«

Das Aufstehen fällt nur noch halb so schwer, wenn auf dem Frühstückstisch Hahn und Henne die Eier warmhalten. Eine lustige Idee – nicht nur zu Ostern.

Material

- *12 cm blau-weiß gestreifter Strickschlauch, 6 cm breit*
- *12 cm weißer Strickschlauch, 6 cm breit*
- *roter und orangefarbener Moosgummi*
- *4 Wackelaugen, 1 cm Ø*
- *1 weiße Feder*
- *Heißkleber*
- *Nähnadel*
- *weißer Bindfaden*
- *Schere*

So wird's gemacht

Schneiden Sie beide Strickschläuche schräg ab, wobei eine Seite um etwa 4 cm kürzer ist als die andere. Die Schläuche werden auf die linke Seite gewendet und mit Steppstichen zusammengenäht. Für die Flügel ziehen Sie ein paar Reihen weiße und blaue Wolle auf. Die Unterkanten der beiden Strickschläuche rollen Sie auf und sichern sie mit Heftstichen. Schneiden Sie Kamm und Schnabel aus Moosgummi (siehe Vorlage) aus und kleben Sie die Teile auf die beiden Körper. Die zuvor aufgezogene Wolle wird nun auf Hahn und Henne aufgeklebt. Der Hahn bekommt noch eine Schwanzfeder, die in den Strickschlauch gesteckt und mit Klebstoff fixiert wird.

Schnabel

Kamm

Material

- *Hartschaumkugel, 5 cm Ø*
- *Holzperle, 1,5 cm Ø*
- *26 cm roter Chenilledraht*
- *15 cm blau-weiß gestreifter Strickschlauch, 6 cm breit*
- *10 cm roter Strickschlauch, 2 cm breit*
- *5 cm blauer Strickschlauch, 3 cm breit*
- *5 cm gelber Strickschlauch, 3 cm breit*
- *2 Wackelaugen mit Wimpern, 1,2 cm Ø*
- *Heißkleber*
- *Nähnadel*
- *blauer Bindfaden*
- *Schere*

Kleiner Drache

Eigentlich ist dieser freundliche Drache als Maskottchen gedacht. Er macht sich aber auch gern als Eierwärmer nützlich.

So wird's gemacht

Versäubern Sie eine Seite des gestreiften Strickschlauches, indem Sie die Maschen aufnehmen und zusammennähen. Überziehen Sie damit die Hartschaumkugel und schieben Sie zusätzlich die Holzkugel als Nase unter den Schlauch. Die Holzkugel und der Hals werden beide mit Heftstichen abgenäht und der Strickschlauch zusammengezogen. Teilen Sie den roten Strickschlauch in zwei 5 cm lange Teile, rollen Sie beide auf, fixieren Sie die Rollen mit Heftstichen und kleben Sie sie als Ohren auf den Kopf. Auch der gelbe und der blaue Strickschlauch werden aufgerollt, geheftet, über den Hals gezogen und mit Klebstoff fixiert. Der rote Chenilledraht wird in sechs etwa 2 cm hohe Zacken gebogen und auf den Drachenkopf geklebt, wobei 2 cm in die Stirn ragen. Die Augen werden aufgeklebt. Etwas aufgezogener roter Strickschlauch wird als Frisur entlang der Zacken aufgeklebt.

Fingerpuppen

Ein ganzes Theater auf zwei Kinderhänden: Bei diesen Fingerpuppen weiß man nicht, welches Vergnügen das größere ist: das Basteln oder das Spielen mit den Figuren.

Einfaches Püppchen

Material

- *Holzkugel, 2,7 cm Ø*
- *schwarzer Chenilledraht*
- *bunte Rocailleperlen*
- *5 cm roter Strickschlauch, 2 cm breit*
- *5 cm gelber Strickschlauch, 3 cm breit*
- *10 cm blauer Strickschlauch, 2 cm breit*
- *Filzstifte*
- *Klebstoff*
- *Nähnadel*
- *blauer und gelber Bindfaden*
- *Schere*

So wird's gemacht

Kleben Sie etwa 6 cm Chenilledraht in die Holzkugel. Ziehen Sie den blauen Strickschlauch darüber und versäubern Sie das obere Ende, indem Sie alle Maschen aufnehmen und zusammennähen. Rollen Sie den roten Strickschlauch auf und fixieren Sie ihn mit Heftstichen. Dieser Schal wird über den blauen Körper gestülpt und festgeklebt.

Für die Mütze wird der gelbe Strickschlauch an einem Ende versäubert, am anderen Ende aufgerollt und mit ein paar Heftstichen fixiert. Dann reihen Sie neun bunte Rocailleperlen auf, nähen sie am Mützenende fest und kleben die fertige Mütze auf die Holzkugel. Das Gesicht wird mit Filzstiften bemalt. Drei bunte Rocailleperlen werden auf den Körper genäht oder geklebt.

Nach diesem Prinzip lassen sich viele verschiedene Fingerpuppen anfertigen.

Oma

(Abb. siehe Seite 53 rechts)

Material

- *Holzkugel, 2,7 cm Ø*
- *schwarzer Chenilledraht*
- *weiße Rocailleperlen*
- *5 cm grüner Strickschlauch, 3 cm breit*
- *12 cm roter Strickschlauch, 2 cm breit*
- *3 cm grauer Strickschlauch, 3 cm breit*
- *5 cm grünes Satinband, 3 mm breit*
- *Filzstifte*
- *Klebstoff*
- *Nähnadel*
- *roter Bindfaden*
- *Schere*

So wird's gemacht

Kleben Sie etwa 6 cm Chenilledraht in die Holzkugel. Rollen Sie den roten Strickschlauch auf beiden Seiten auf und fixieren Sie ihn mit Heftstichen. Ziehen Sie diesen roten Strickschlauch über den Draht und kleben Sie ihn an der Holzkugel fest. Für die Haare werden die Maschen des grauen Strickschlauches aufgezogen und an der Holzkugel festgeklebt. Als Stirnband dient der aufgerollte und mit Heftstichen fixierte grüne Strickschlauch. Bemalen Sie das Gesicht mit Filzstiften, teilen Sie das Satinband in zwei gleich lange Stücke, kleben Sie es auf den Körper und befestigen Sie am Ende zwei Rocailleperlen als Knöpfe.

Affe

Material

- *fertiger Affenkopf, 2,5 cm Ø*
- *rosafarbener Chenilledraht*
- *12 cm rosafarbener Strickschlauch, 3 cm breit*
- *15 cm brauner Strickschlauch, 1 cm breit*
- *Klebstoff*
- *Nähnadel*
- *rosafarbener und brauner Bindfaden*
- *Schere*

Hase

Material

- *fertiger Hasenkopf, 3 cm Ø*
- *brauner Chenilledraht*
- *12 cm brauner Strickschlauch, 3 cm breit*
- *3 braune Pompons, 1,5 cm Ø*
- *3 bunte Pompons, 6 mm Ø*
- *Klebstoff*
- *Nähnadel*
- *brauner Bindfaden*
- *Schere*

So wird's gemacht

Kleben Sie etwa 6 cm Chenilledraht in den Affenkopf, ziehen Sie den rosafarbenen Strickschlauch darüber und versäubern Sie das Ende, indem Sie alle Maschen aufnehmen und zusammennähen. Rollen Sie den rosafarbenen Strickschlauch auf der anderen Seite auf und sichern Sie ihn mit Heftstichen. Fixieren Sie den Körper mit etwas Klebstoff am Kopf. Für die Arme rollen Sie den braunen Strickschlauch auf beiden Seiten bis auf eine Länge von etwa 10 cm auf und fixieren ihn mit Heftstichen. Überziehen Sie 15 cm Chenilledraht damit und biegen Sie den Draht an beiden Enden um. Die fertigen Arme kleben Sie unterhalb des Kopfes auf den rosafarbenen Strickschlauch auf und biegen sie in Form.

So wird's gemacht

Kleben Sie etwa 6 cm Chenilledraht in den Hasenkopf, ziehen Sie den braunen Strickschlauch darüber und versäubern Sie das Ende, indem Sie alle Maschen aufnehmen und zusammennähen. Rollen Sie den braunen Strickschlauch auf der anderen Seite auf und sichern Sie ihn mit Heftstichen. Fixieren Sie den Körper mit etwas Klebstoff am Kopf. Die Pfoten bestehen aus zwei braunen Pompons, die auf den Körper aufgeklebt werden. Ein brauner Pompon wird auf der Rückseite, oberhalb des aufgerollten Schlauches als Schwanz aufgeklebt. Zum Schluß kleben Sie die drei bunten Pompons zwischen die Pfoten.

Küken

Material

- *fertiger Kükenkopf, 3 cm Ø*
- *gelber Chenilledraht*
- *12 cm gelb-schwarz gestreifter Strickschlauch, 3 cm breit*
- *gelbe Feder*
- *2 gelbe Pompons, 1 cm Ø*
- *Klebstoff*
- *Nähnadel*
- *gelber Bindfaden*
- *Schere*

So wird's gemacht

Kleben Sie etwa 6 cm Chenilledraht in den Kükenkopf, ziehen Sie den gestreiften Strickschlauch darüber und versäubern Sie das Ende, indem Sie alle Maschen aufnehmen und zusammennähen. Rollen Sie den gestreiften Strickschlauch auf der anderen Seite auf und sichern Sie ihn mit Heftstichen. Fixieren Sie den Körper mit etwas Klebstoff am Kopf.

Der Kopf wird mit einer etwa 8 cm langen gelben Feder beklebt. Die Hände bestehen aus zwei gelben Pompons, die auf den Körper aufgeklebt werden.

Frosch

Material

- *fertiger Froschkopf am Stab, 3 cm Ø*
- *12 cm grüner Strickschlauch, 3 cm breit*
- *10 cm gelb-grün gestreifter Strickschlauch, 1,5 cm breit*
- *2 rote Pompons, 1 cm Ø*
- *Klebstoff*
- *Nähnadel*
- *grüner Bindfaden*
- *Schere*

So wird's gemacht

Überziehen Sie den Stab des Froschkopfes mit grünem Strickschlauch und versäubern Sie das Ende, indem Sie alle Maschen aufnehmen und zusammennähen. Rollen Sie den grünen Strickschlauch auf der anderen Seite auf und sichern Sie ihn mit Heftstichen. Fixieren Sie den Körper mit etwas Klebstoff am Kopf. Für die Arme versäubern Sie je 5 cm des gestreiften Strickschlauches an beiden Seiten und nähen sie unterhalb des Kopfes am Körper fest. Die Hände bestehen aus zwei roten Pompons, die auf den grünen Schlauch aufgeklebt werden.

Handpuppen

Ebenso schnell und einfach wie die Fingerpuppen aus schmalen Strickschläuchen, entstehen richtige Handpuppen aus breiteren Schläuchen. Bühne frei für Kasperl, Teufel und Krokodil!

Material

- *Holzkugel mit großem Loch, 5 cm Ø*
- *18 cm roter Strickschlauch, 3 cm breit*
- *13 cm gelber Strickschlauch, 6 cm breit*
- *23 cm weiß-blau gestreifter Strickschlauch, 8 cm breit*
- *2 Wackelaugen, 1 cm Ø*
- *2 rote Pompons, 0,5 cm und 2 cm Ø*
- *2 blau-weiße Pompons, 2 cm Ø*
- *3 gelbe Pompons, 1 cm Ø*
- *rote Puppenhaare*
- *gelber, blauer und roter Bindfaden*
- *Nähnadel*
- *Heißkleber*
- *Schere*
- *Filzstift*

Kasperl

So wird's gemacht

Bekleben Sie die Holzkugel mit Puppenhaar, den Augen und dem kleinen roten Pompon als Nase. Malen Sie den Mund mit rotem Filzstift auf. Versäubern Sie eine Seite des gelben Strickschlauchs, nähen Sie den größeren roten Pompon fest und rollen Sie die andere Seite des Schlauchs auf. Die Rolle wird mit einigen Heftstichen gesichert. Kleben Sie die fertige Mütze schräg auf den Kopf auf. Die Halskrause besteht aus 4 cm rotem Strickschlauch, der an beiden Seiten aufgerollt, mit Heftstichen fixiert und am Loch der Holzkugel festgeklebt wird. An einem Ende des gestreiften Strickschlauches nehmen Sie alle Maschen auf und ziehen die Öffnung nur soweit zusammen, daß die Lochgröße von 2 cm offen bleibt. Dann kleben Sie den gestreiften Strickschlauch unter der roten Halskrause fest. Die andere Seite des gestreiften Schlauches wird etwas aufgerollt und mit Heftstichen fixiert. Die beiden Hände bestehen aus zwei 7 cm langen roten Strickschläuchen, die jeweils an einem Ende aufgerollt und am anderen versäubert werden. Nähen Sie je einen blau-weißen Pompon als Hand an das versäuberte Ende. In den gestreiften Strickschlauch schneiden Sie etwa 5 cm unterhalb des Kopfes zwei Schlitze mit je 3 cm Länge, versäubern die Öffnungen und kleben die fertigen Arme darauf an. Zum Schluß kleben Sie drei gelbe Pompons auf das gestreifte Gewand.

Teufel

Material

- *Holzkugel mit großem Loch, 5 cm Ø*
- *13 cm roter Strickschlauch, 6 cm breit*
- *23 cm schwarzer Strickschlauch, 8 cm breit*
- *14 cm schwarzer Strickschlauch, 3 cm breit*
- *2 ovale Wackelaugen, 1 cm hoch*
- *1 roter Pompon, 1 cm Ø*
- *2 rote Pompons, 2 cm Ø*
- *schwarzer Chenilledraht*
- *schwarzer und roter Bindfaden*
- *Nähnadel*
- *Heißkleber*
- *Schere*

Krokodil

Material

- *Hartschaumkugel, 3 cm Ø*
- *27 cm grüner Strickschlauch, 8 cm breit*
- *10 cm grüner Strickschlauch, 2 cm breit*
- *2 Wackelaugen, 2 cm Ø*
- *2 rote Pompons, 1,5 cm Ø*
- *roter und weißer Moosgummi*
- *grüner Bindfaden*
- *Nähnadel*
- *Heißkleber*
- *Schere*

So wird's gemacht

Ziehen Sie ein paar Reihen schwarze und rote Wolle für die Haare auf. Versäubern Sie den roten Strickschlauch an einer Seite und überziehen Sie damit die Holzkugel. Schieben Sie den kleinen roten Pompon als Nase zwischen Strickschlauch und Kugel und umnähen Sie ihn mit Heftstichen. Ziehen Sie den Faden an, damit die Nase entsteht. Der Schlauch wird an der Kugelunterseite mit Heftstichen nur so weit zusammengezogen, daß das Kugelloch frei bleibt. Der restliche Schlauch wird am Ende etwas aufgerollt und mit Heftstichen fixiert. Nehmen Sie alle Maschen am oberen Ende des breiten schwarzen Strickschlauches auf, ziehen Sie den Schlauch nur so weit zusammen, daß die Lochgröße von 2 cm offen bleibt, und kleben Sie ihn unter den roten, aufgerollten Strickschlauch. Die andere Seite des schwarzen Schlauches wird etwas aufgerollt und mit Heftstichen fixiert. Die beiden Arme bestehen aus zwei 7 cm langen schmalen schwarzen Strickschläuchen, die an einem Ende aufgerollt und am anderen versäubert werden. Nähen Sie je einen großen roten Pompon als Hand an das versäuberte Schlauch-Ende. In den breiten schwarzen Strickschlauch werden etwa 4 cm unterhalb des Kopfes zwei Schlitze mit je 3 cm Länge eingeschnitten und versäubert. Darauf kleben Sie die fertigen Arme. Für die Hörner knikken Sie zwei je 6 cm lange schwarze Chenilledraht-Stücke zur Hälfte und kleben sie ebenso wie die Augen auf dem Kopf des Teufels fest. Die zuvor aufgezogenen roten und schwarzen Haare werden als Streifen auf den Kopf des Teufels geklebt.

So wird's gemacht

Rollen Sie den breiten grünen Strickschlauch etwas auf und fixieren Sie ihn mit ein paar Heftstichen. Dann schneiden Sie das Maul aus rotem Moosgummi aus (Vorlage), falten es zur Hälfte und legen es auf den breiten grünen Strickschlauch. Schneiden Sie nun der Form entlang den grünen Schlauch auf, schlagen Sie ihn etwas ein und umnähen Sie die Schnittkante mit Steppstichen.
Der versäuberte Strickschlauch wird jetzt mit Heißkleber auf den Rand des Maules geklebt. Die Zähne schneiden Sie aus weißem Moosgummi aus (Vorlage) und kleben sie in das Maul des Krokodiles.

Nun kürzen Sie die kleine Hartschaumkugel um 0,5 cm und schneiden sie in der Mitte durch. Diese Kugelhälften werden mit dem schmalen grünen Strickschlauch überzogen und auf beiden Seiten versäubert. Auf die große Fläche der Kugelhälften wird je ein Wackelauge geklebt. Mit der kleineren Schnittfläche werden die Augen auf dem Krokodilkopf festgeklebt. Zum Schluß kleben Sie die beiden roten Pompons auf der Schnauze an.

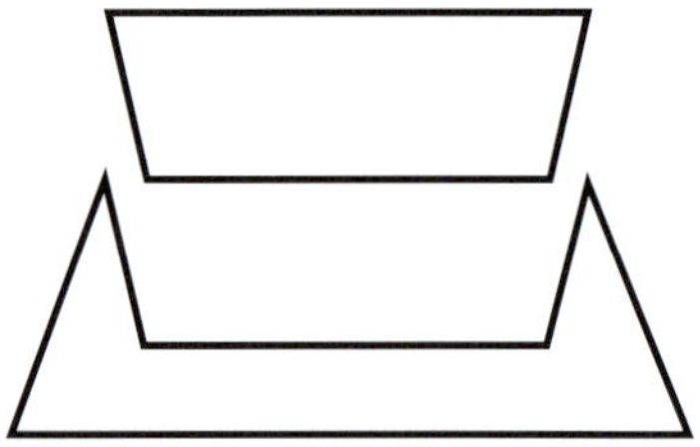

Zähne

Maul

Vogel-Marionette

Marionetten faszinieren jedes Kind. Clara führt den gelenkigen gelben Phantasievogel an vier Fäden und einem einfachen Spielkreuz.

Material

- Hartschaum-Ei, 10 cm lang, für den Körper
- Hartschaumkugel, 6 cm Ø, für den Kopf
- Hartschaum-Ei, 6 cm lang, für die Füße
- 16 cm roter Strickschlauch, 3 cm breit
- 29 cm gelber Strickschlauch, 6 cm breit
- 2 Wackelaugen mit Wimpern, 1,3 cm Ø
- 15 rote Holzperlen, 7 mm Ø
- rote und lilafarbene Wolle
- gelber Moosgummi
- roter Pompon, 2 cm Ø
- Nylonfaden
- eckiger Holzstab, 1 cm breit und 4 mm stark
- roter und gelber Bindfaden
- Nähnadel
- Bindedraht
- Heißkleber
- Schere

So wird's gemacht

Überziehen Sie die Hartschaumkugel mit gelbem Strickschlauch. Dann nähen Sie den Schlauch an beiden Enden zusammen, wickeln den Rest auf der einen Seite auf und fixieren ihn mit Heftstichen an der Kugel. Verfahren Sie mit dem großen Hartschaum-Ei genauso. Für die Haare schneiden Sie 10 cm lange rote und lilafarbene Wollstücke zurecht, binden sie in der Mitte mit Bindedraht ab und stecken diesen Schopf in den aufgerollten Strickschlauch auf der Kugel. Für den Schwanz werden 16 cm lange Wollstücke zugeschnitten, zusammengebunden und in das Hartschaum-Ei gesteckt. Bekleben Sie den Kopf mit dem roten Pompon und den Wackelaugen.

Das kleine Hartschaum-Ei wird der Länge nach geteilt, mit rotem Strickschlauch überzogen und an beiden Enden versäubert. Die Verbindungsstücke bestehen aus lilafarbener gedrehter Kordel, wobei das Halsstück 9 cm und das Beinstück 12 cm lang ist. Schneiden Sie 14 Quadrate mit einer Seitenlänge von 2 cm aus gelbem Moosgummi. Nun werden für den Hals vier Moosgummi-Quadrate und drei Holzperlen abwechselnd auf die Kordel aufgereiht, an beiden Enden verknotet und an Kopf und Körper festgeklebt. Die Beine werden mit je fünf Quadraten und je vier Holzperlen genauso gearbeitet.

Für das Spielkreuz schneiden Sie vom Holzstab zwei Stücke mit 18 cm und 13 cm Länge ab, die Sie über Kreuz verkleben. Bohren Sie in jedes Ende ein kleines Loch. Dann befestigen Sie Nylonfäden an beiden Füßen (57 cm Länge), dem Körper (45 cm Länge) und dem Kopf (36 cm Länge), ziehen sie durch die Löcher im Spielkreuz, reihen je eine Perle auf und verknoten die Fadenenden damit.

Bastelspass mit dem Strickschlauch : lustige Figuren ; Schritt-für-Schritt-Anleitungen / Stephanie Kraft. – Augsburg : Augustus-Verl., 1997
ISBN 3-8043-0539-3

Autor und Verlag danken der Firma Rayher Hobby GmbH, Laupheim, für das zur Verfügung gestellte Material.

Dank auch an Clara Hackl, Aystetten, unser geduldiges Fotomodell.

Fotografie: Klaus Lipa, Augsburg
Lektorat: Helene Weinold-Leipold
Umschlaggestaltung: Christa Manner, München
Layout: Anton Walter, Gundelfingen

Augustus Verlag Augsburg 1997

Satz: DTP-Design Walter, Gundelfingen
Reproduktion: Fotolito Veneta, I-San Martino
Druck und Bindung: Appl, Wemding

Gedruckt auf 120 g umweltfreundlich elementar chlorfrei gebleichtes Papier.

ISBN 3-8043-0539-3

Printed in Germany